THE LIBERTINES
the best of

TIME FOR HEROES

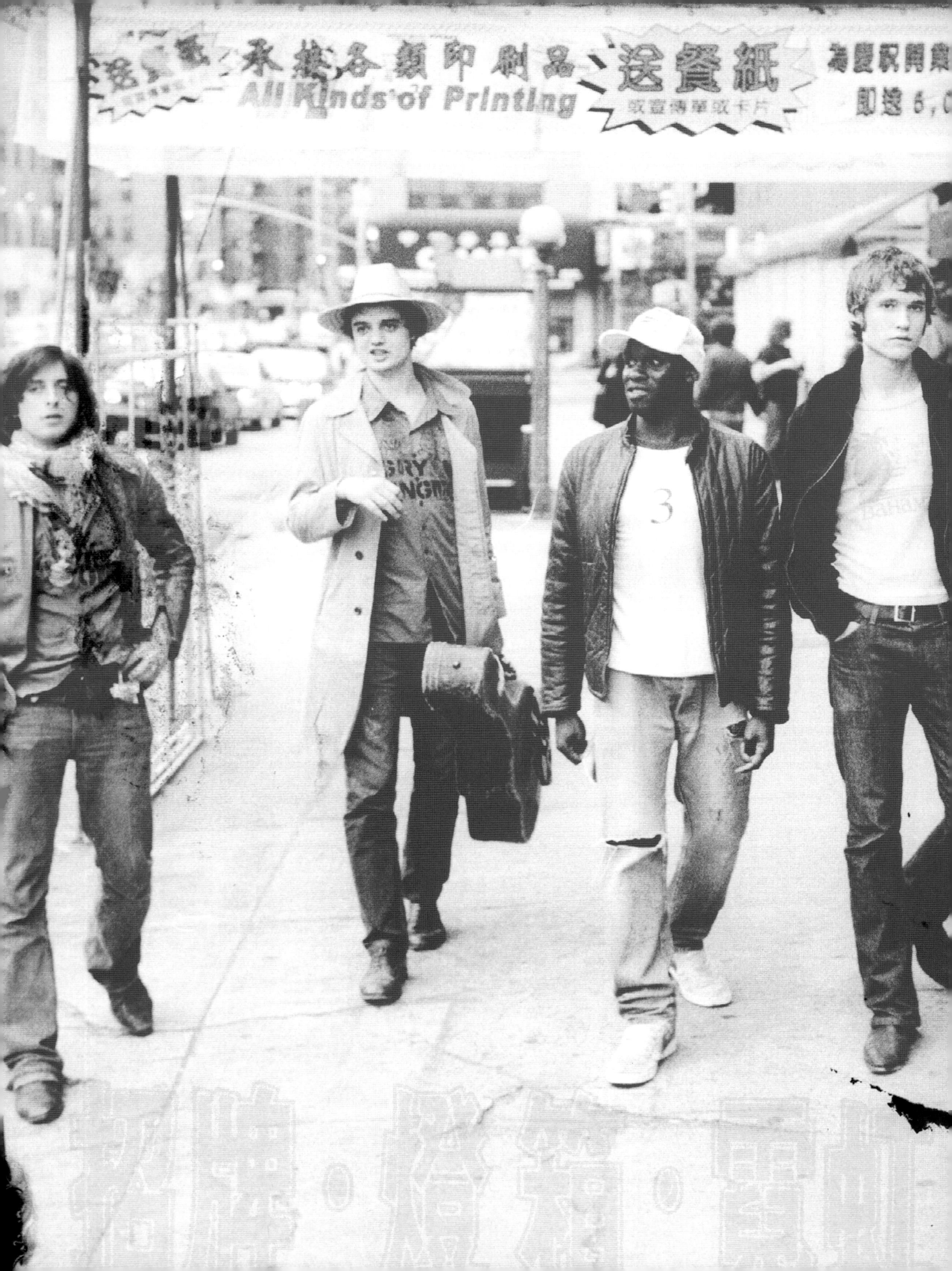
承接各類印刷品
All Kinds of Printing
送餐紙
3

TIME FOR HEROES

the best of
THE LIBERTINES

© 2008 by International Music Publications Ltd
First published by International Music Publications Ltd in 2008
International Music Publications Ltd is a Faber Music company
3 Queen Square, London WC1N 3AU

New arrangements by Frank Moon
Edited by Lucy Holliday & Alex Davis

All Photography by Roger Sargent
Artwork by Hannah Bays

Printed in England by Caligraving Ltd

ISBN10: 0-571-53118-0
EAN13: 978-0-571-53118-9

To buy Faber Music publications or to find out about
the full range of titles available, please contact your
local music retailer or Faber Music sales enquiries:

Faber Music Ltd, Burnt Mill,
Elizabeth Way, Harlow, CM20 2HX England
Tel:+44(0)1279 82 89 82 Fax:+44(0)1279 82 89 83
sales@fabermusic.com fabermusic.com

UP THE BRACKET

Words and Music by Peter Doherty and Carl Barât

TIME FOR HEROES

Words and Music by Peter Doherty and Carl Barât

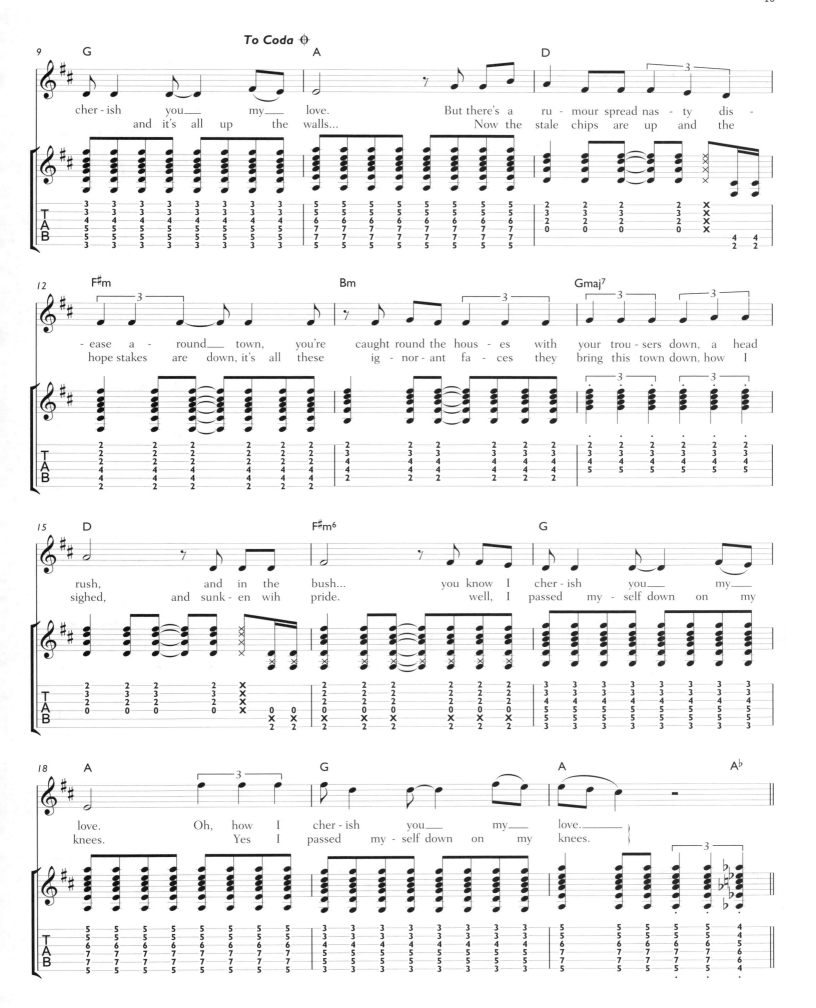

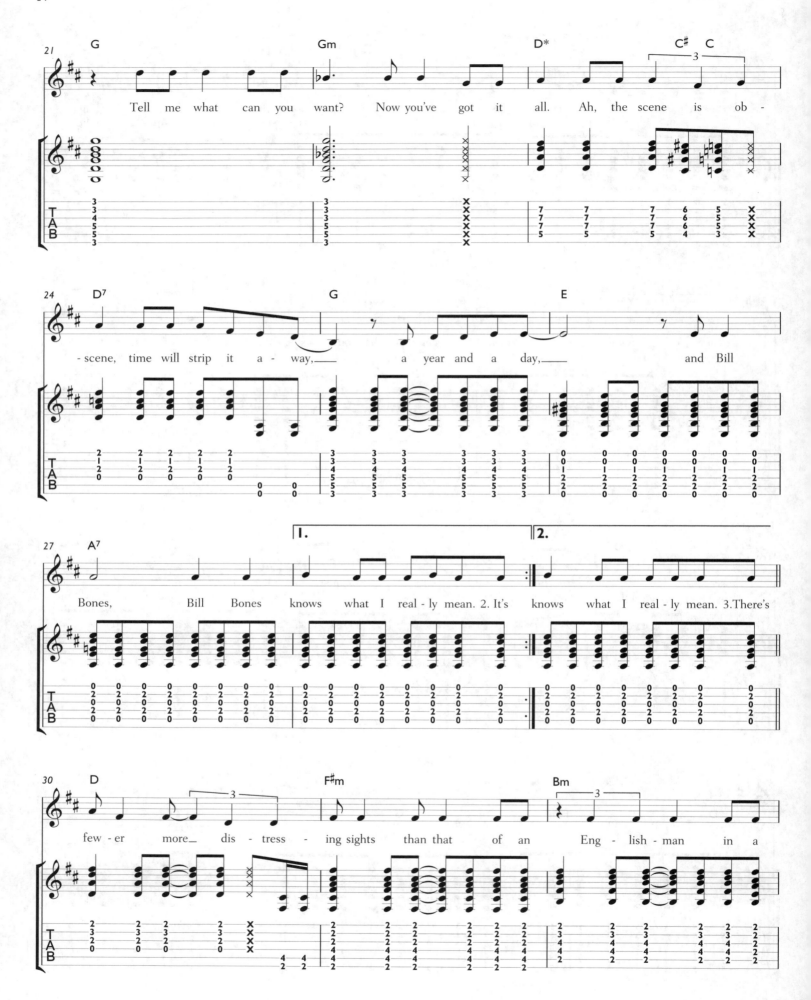

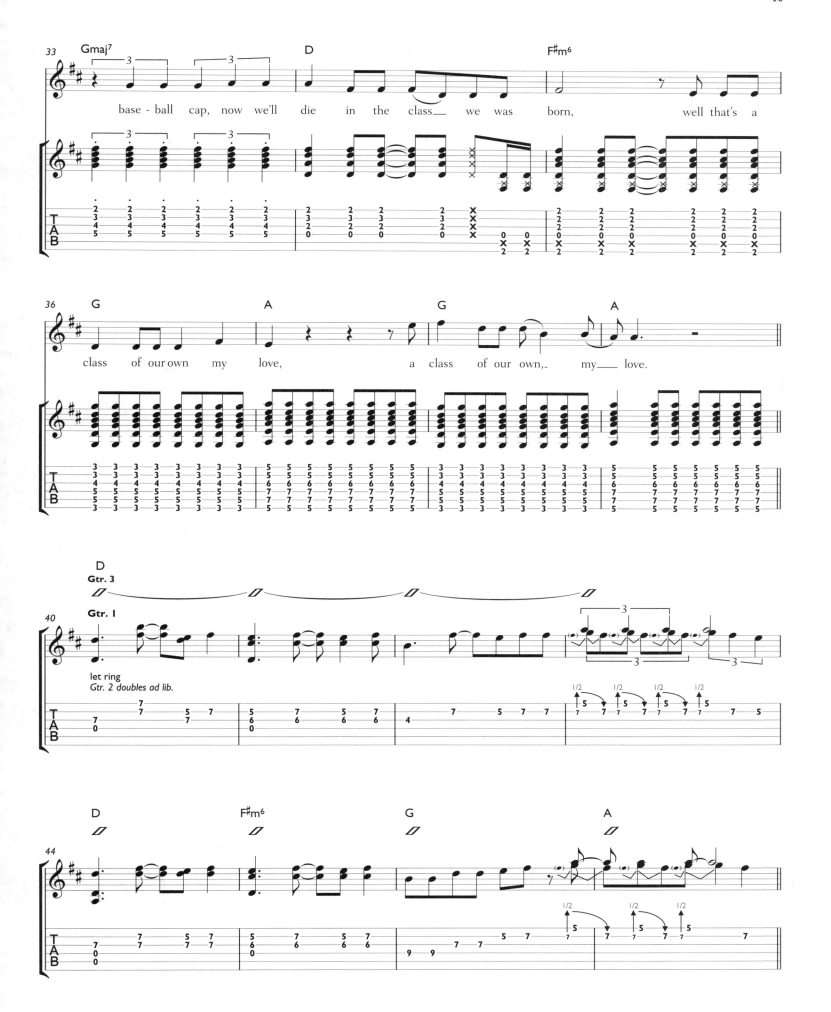

MAYDAY

Words and Music by Peter Doherty and Carl Barât

20

DON'T LOOK BACK INTO THE SUN

Words and Music by Peter Doherty and Carl Barât

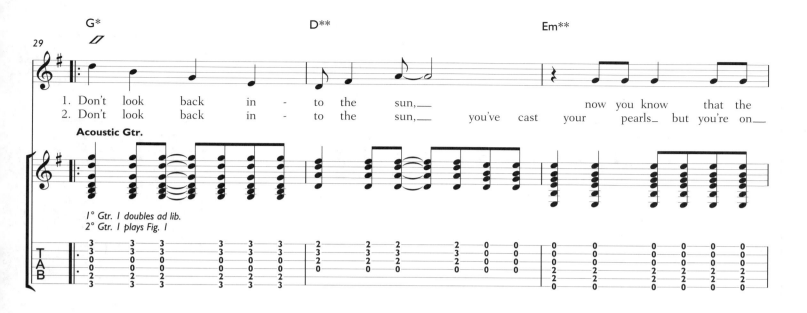

1. Don't look back in - to the sun,___ now you know that the
2. Don't look back in - to the sun,___ you've cast your pearls_ but you're on___

Acoustic Gtr.

1° Gtr. 1 doubles ad lib.
2° Gtr. 1 plays Fig. 1

time is come,___ and they said it would nev - er come_ for
___ the run,___ and all the lies you said who did you save?___

you. Ah, uh, uh oh.___ Oh my friend you
___ But then they played that song at the

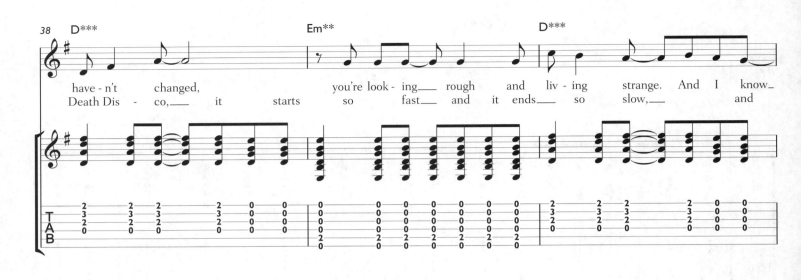

She'll nev-er for - give___ you but she won't let you go, oh no.

Huh!

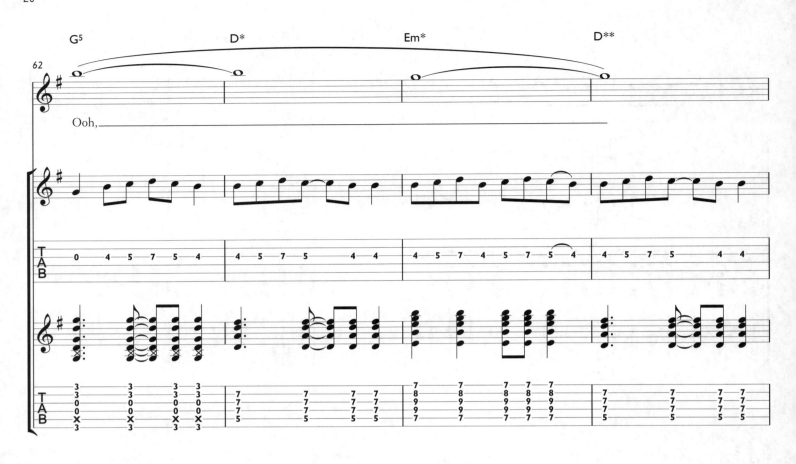

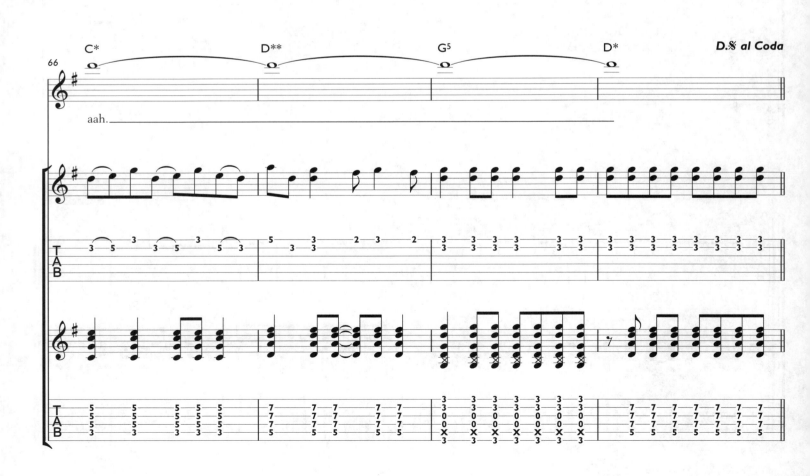

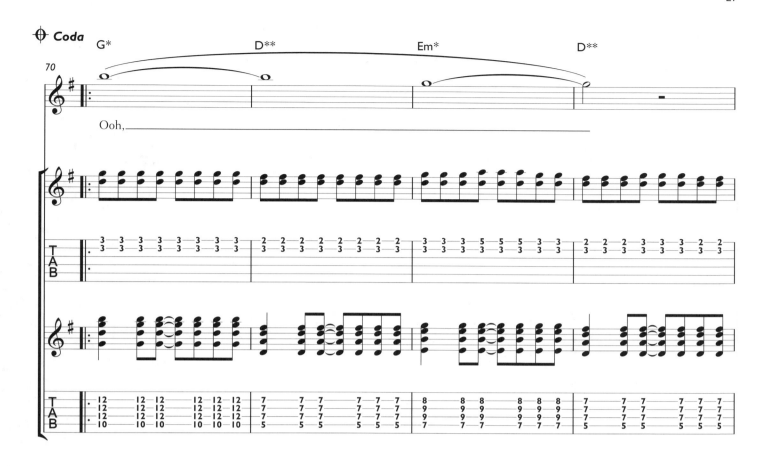

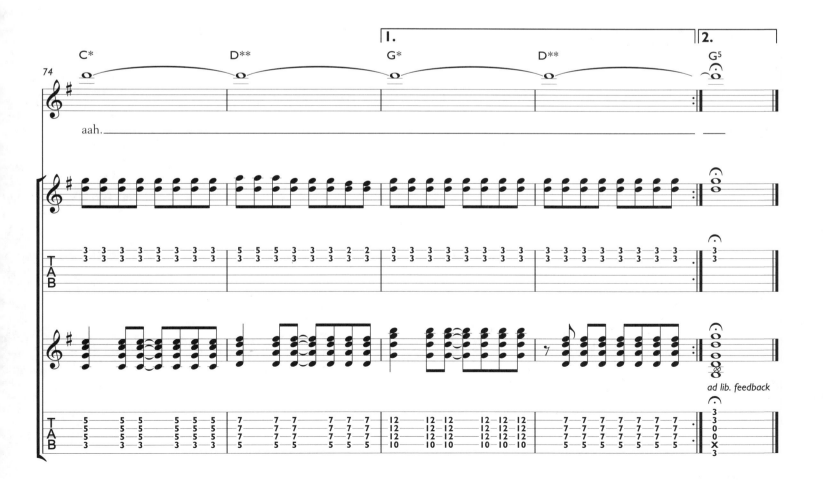

TELL THE KING

Words and Music by Peter Doherty and Carl Barât

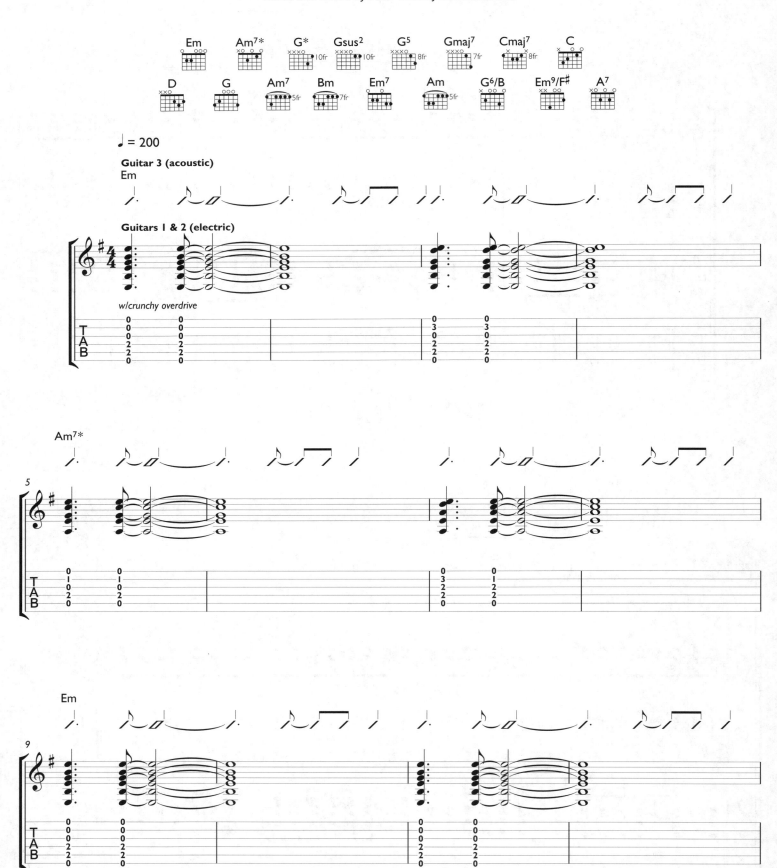

Tell it to___ your king, oh, tell him ev - 'ry - thing you___ know.

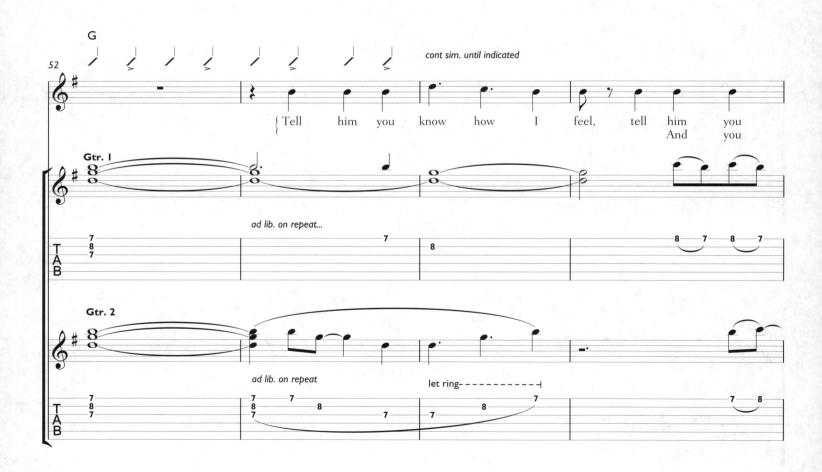

cont sim. until indicated

Tell him you know how I feel, tell him you
And you you

Gtr. 1

ad lib. on repeat...

Gtr. 2

ad lib. on repeat

let ring----------

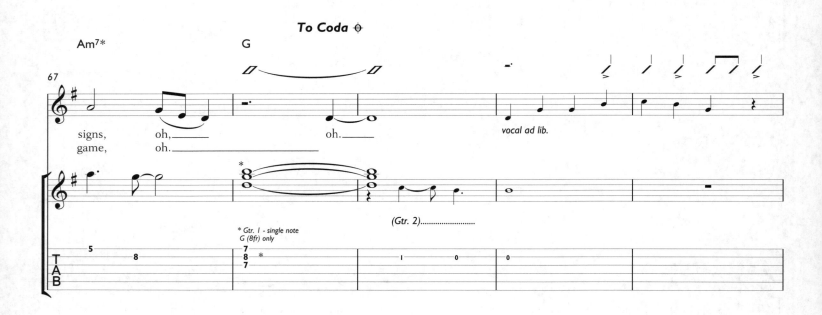

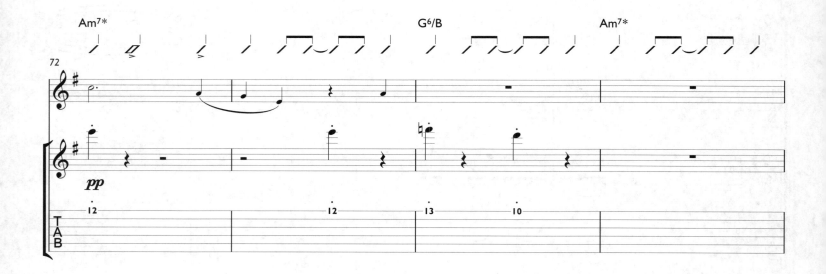

WHAT KATIE DID

Words and Music by Peter Doherty

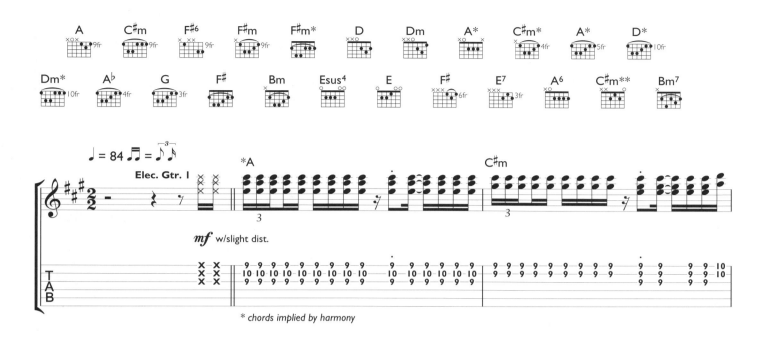

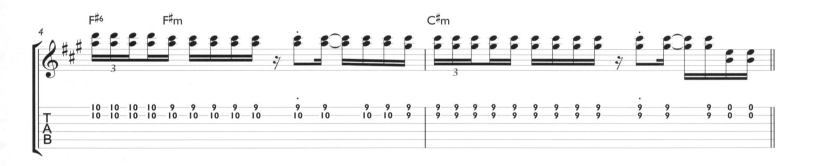

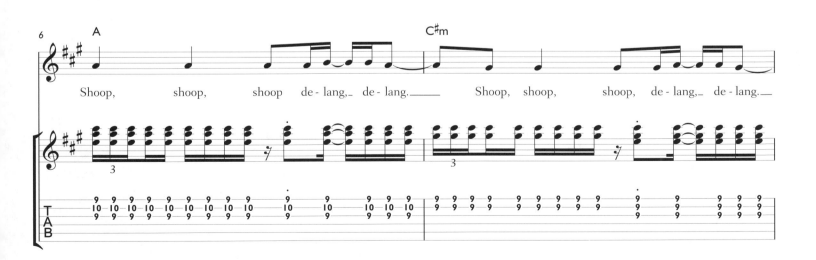

Shoop, shoop, shoop de-lang,_ de-lang.___ Shoop, shoop, shoop, de-lang,_ de-lang.___

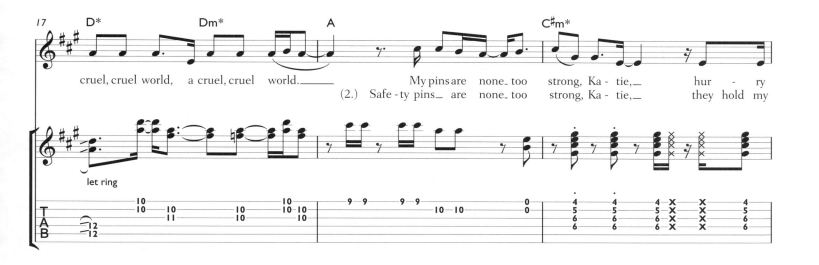

cruel, cruel world, a cruel, cruel world._____ My pins are none_ too strong, Ka - tie,_ hur - ry
(2.) Safe - ty pins_ are none_ too strong, Ka - tie,_ they hold my

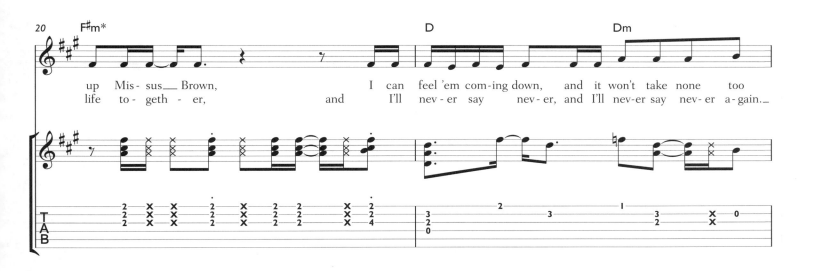

up Mis - sus_ Brown, I can feel 'em com-ing down, and it won't take none too
life to - geth - er, and I'll nev - er say nev - er, and I'll nev-er say nev-er a-gain._

To Coda ⊕

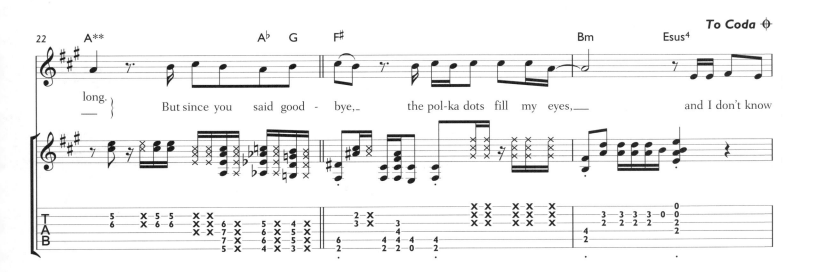

long. But since you said good - bye,_ the pol-ka dots fill my eyes,___ and I don't know

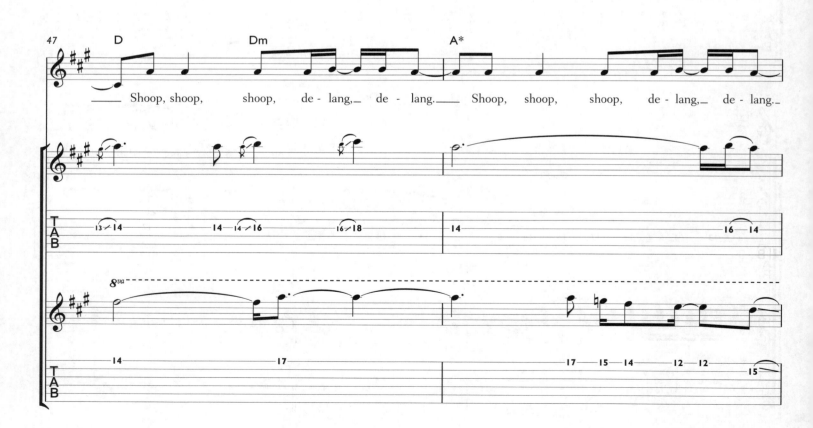

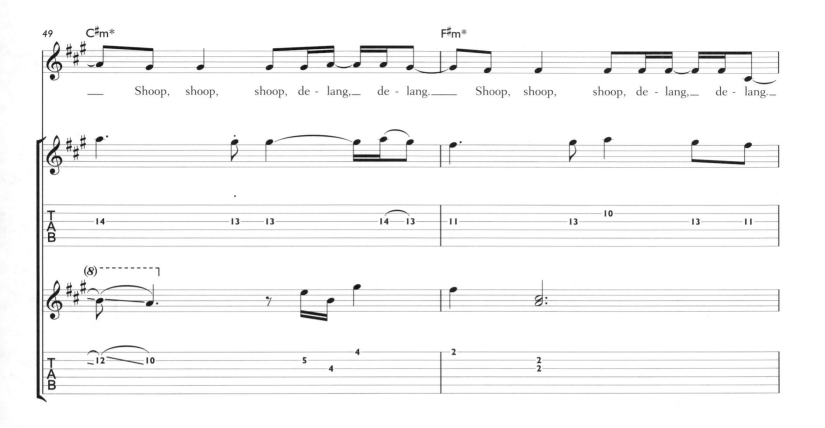

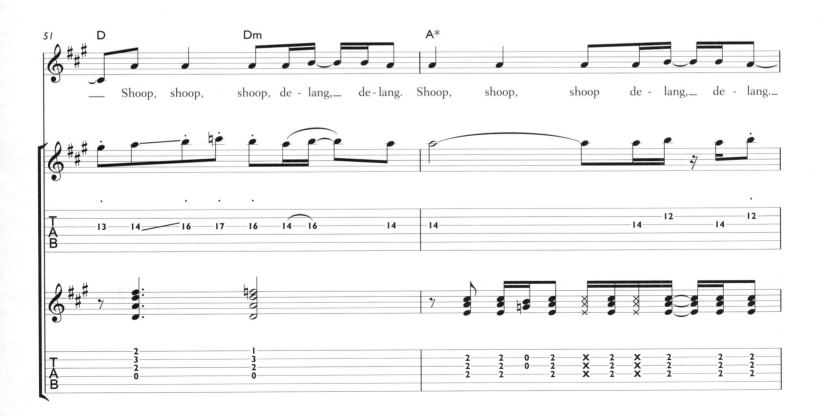

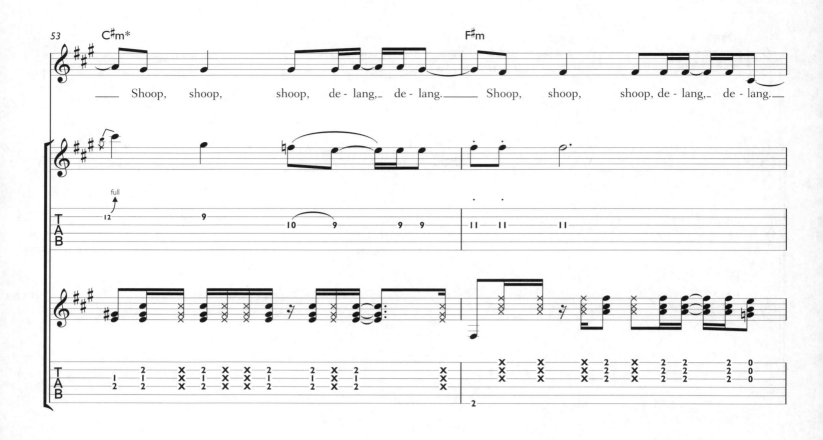

Shoop, shoop, shoop, de - lang,_ de - lang._ Shoop, shoop, shoop, de - lang,_ de - lang._

Shoop, shoop, shoop, de - lang,_ de - lang._ Shoop, shoop, shoop, de - lang,_ de - lang._

CAN'T STAND ME NOW

Words and Music by Peter Doherty, Carl Barât and Mark Keds

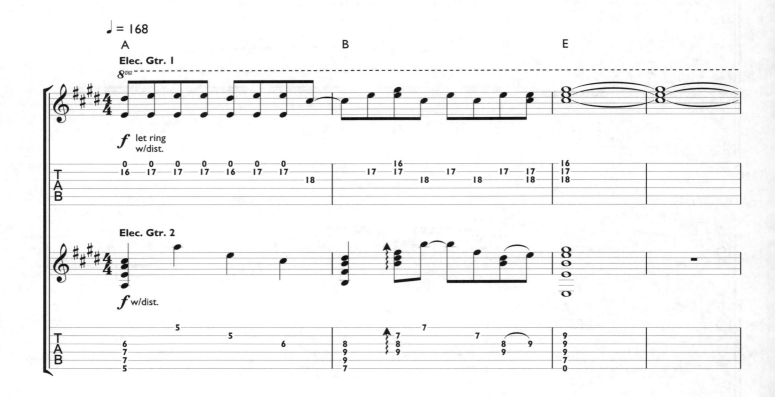

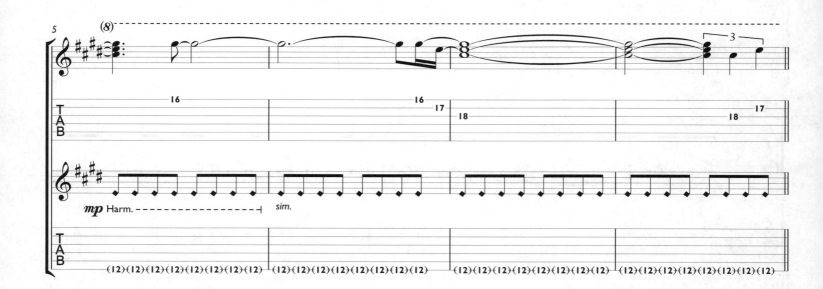

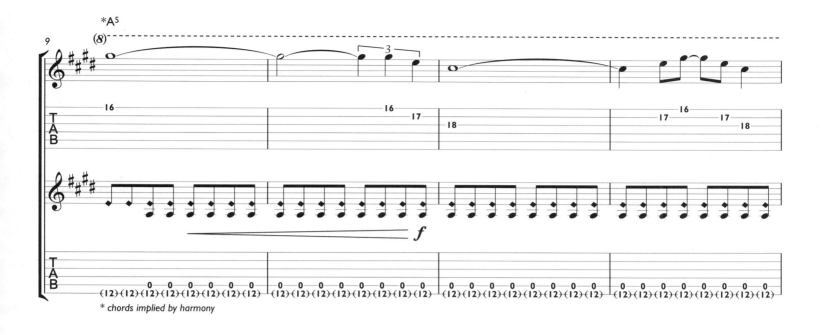

*A⁵

* chords implied by harmony

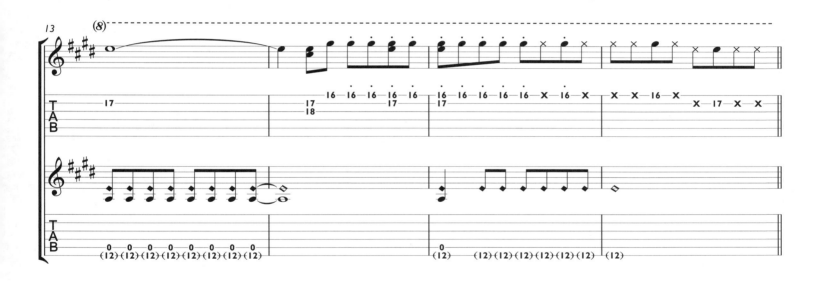

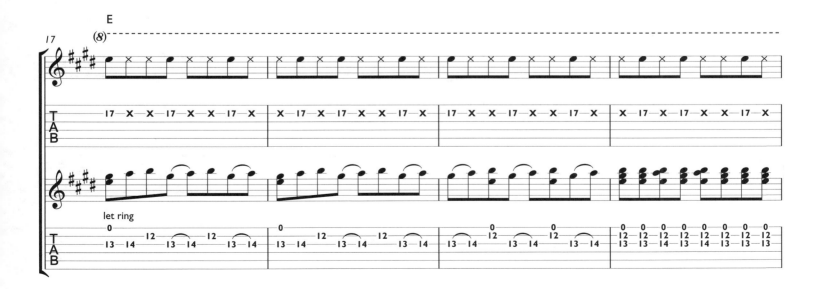

E

let ring

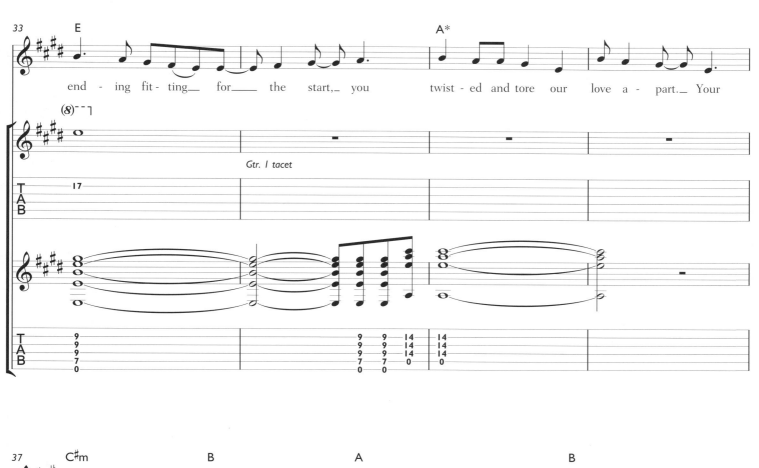

33 **E** ... **A***

end - ing fit - ting___ for___ the start,___ you twist - ed and tore our love a - part.___ Your

(8)

Gtr. I tacet

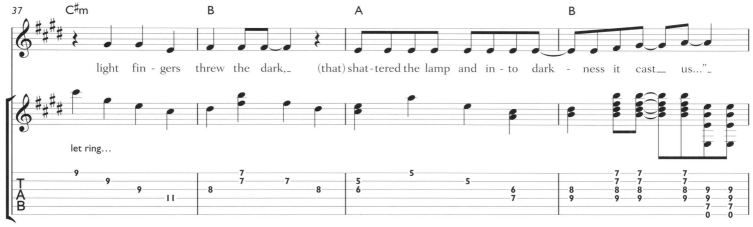

37 **C#m** **B** **A** **B**

light fin - gers threw the dark,_ (that) shat - tered the lamp and in - to dark - ness it cast___ us..."_

let ring...

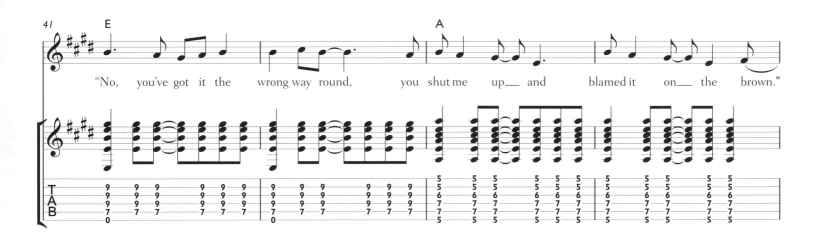

41 **E** **A**

"No, you've got it the wrong way round, you shut me up___ and blamed it on___ the brown."

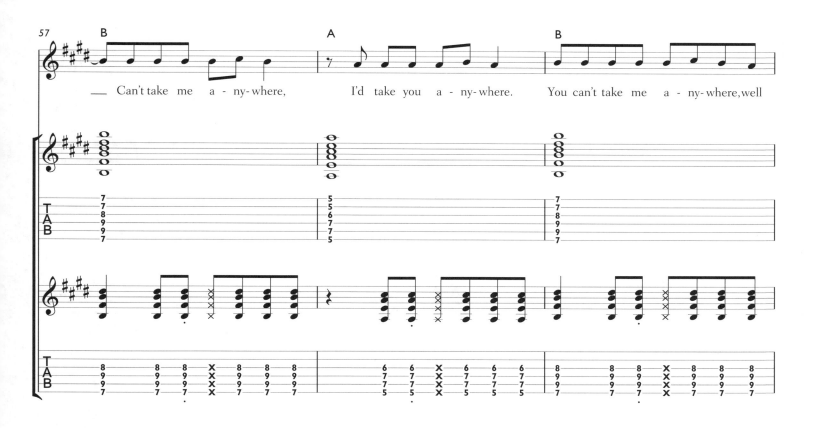

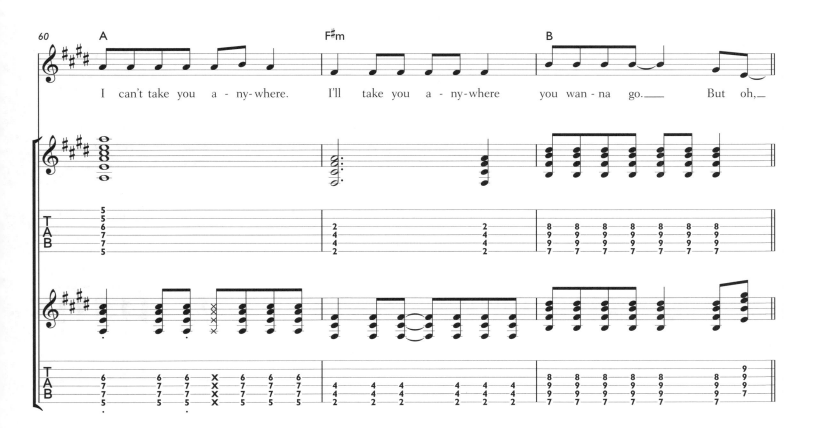

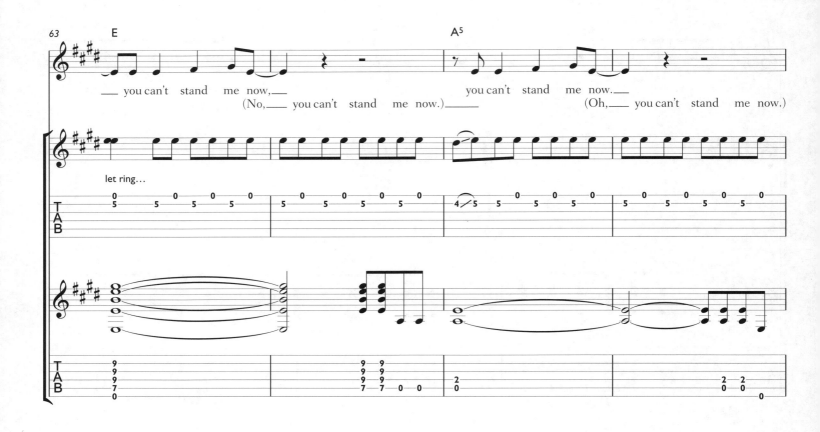

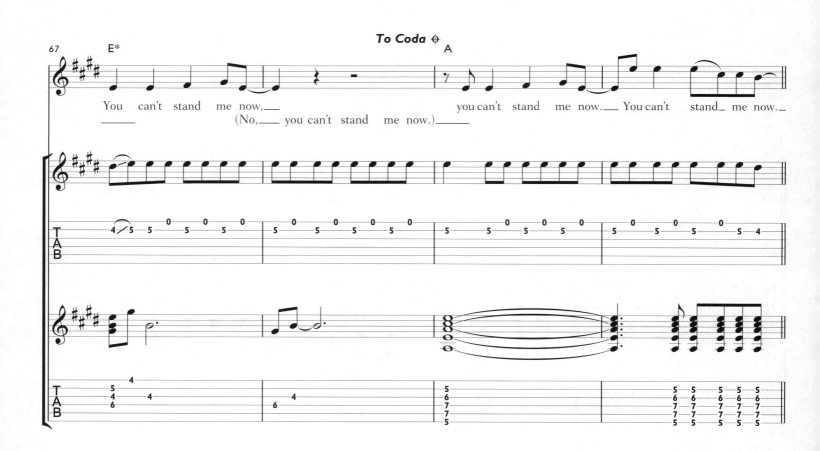

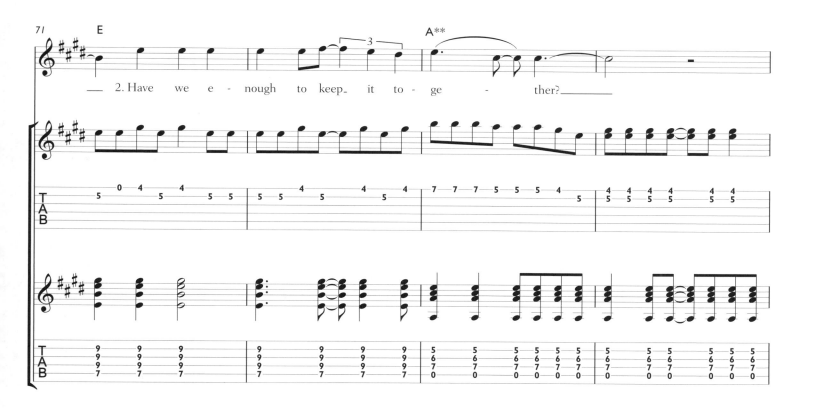

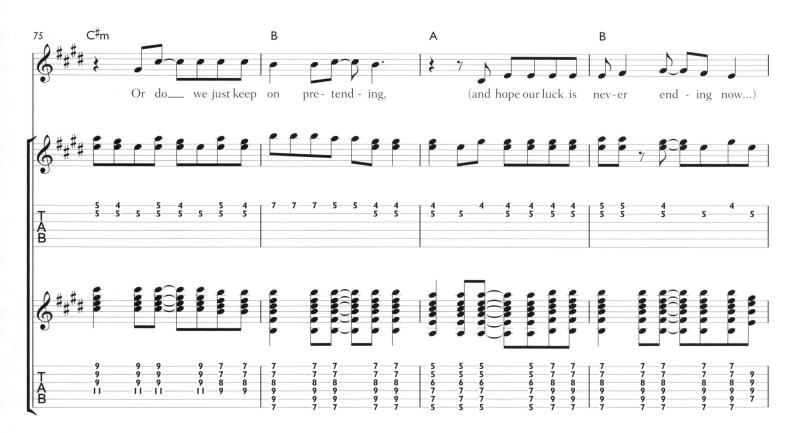

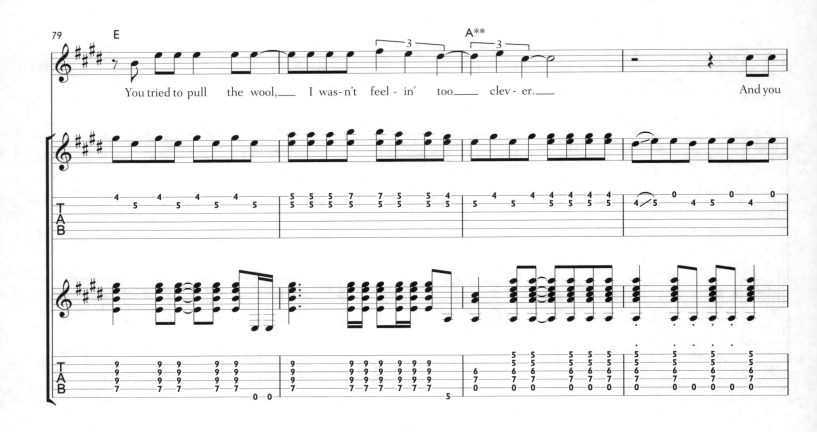

You tried to pull the wool,___ I was-n't feel-in' too___ clev-er.___ And you

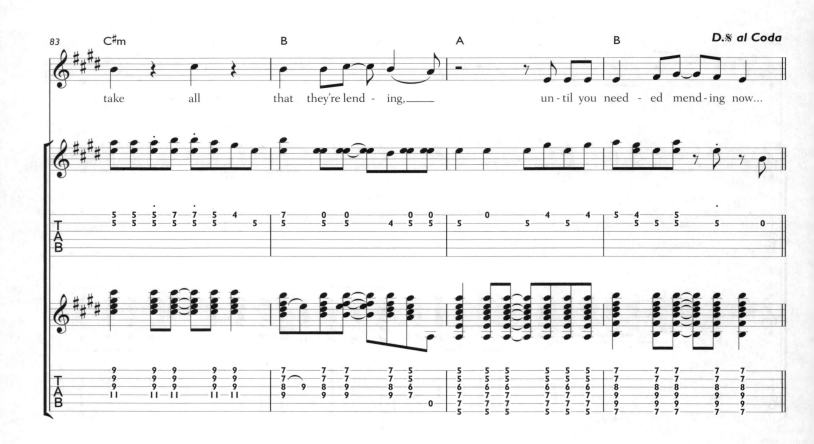

take all that they're lend-ing,___ un-til you need-ed mend-ing now...

D.% al Coda

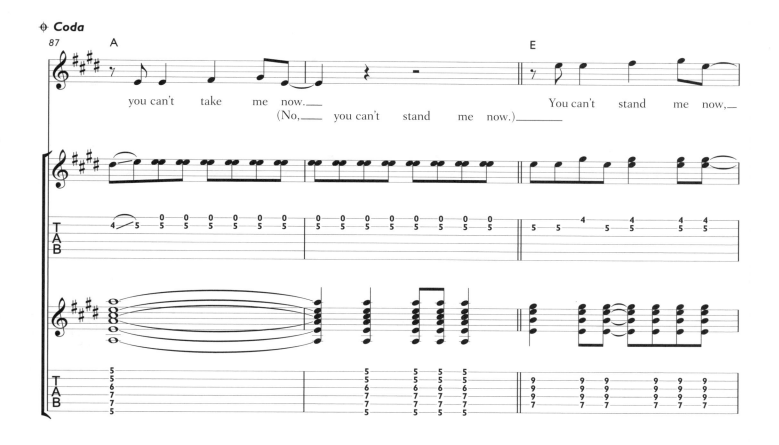

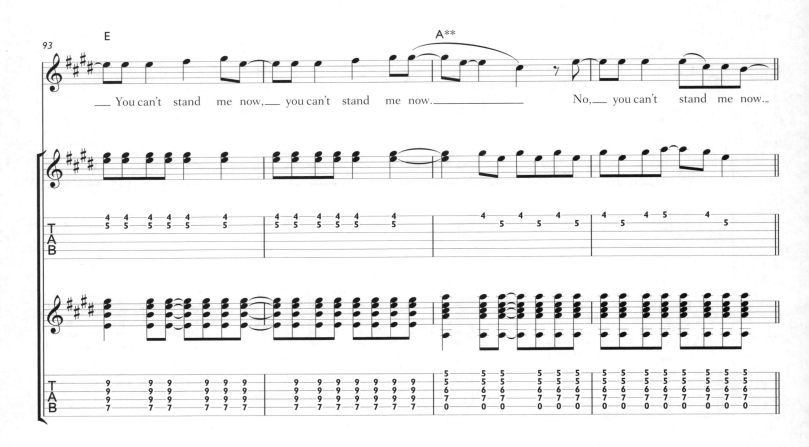

You can't stand me now,— you can't stand me now._____ No,— you can't stand me now..

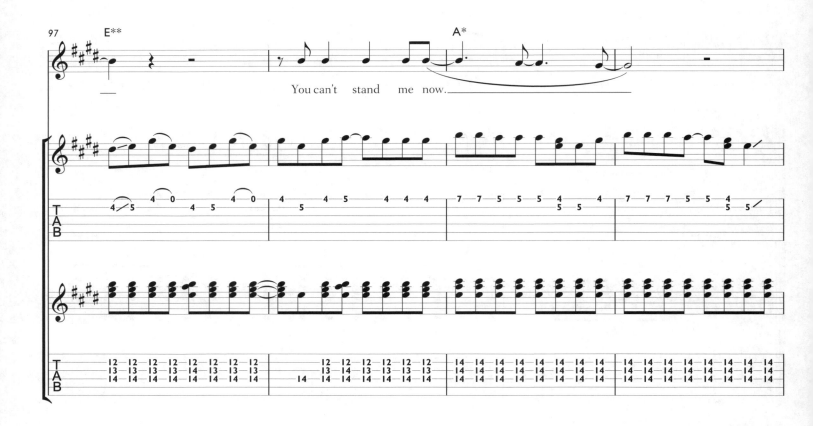

You can't stand me now._____

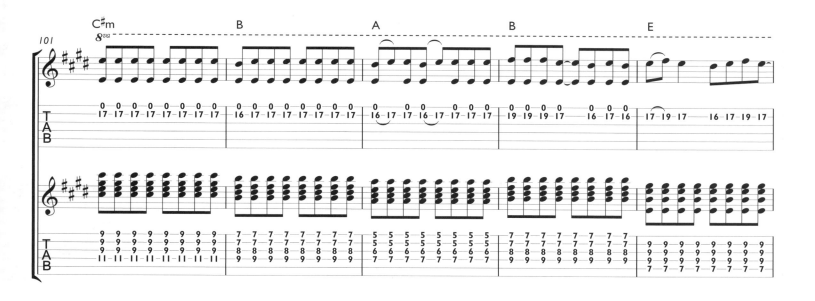

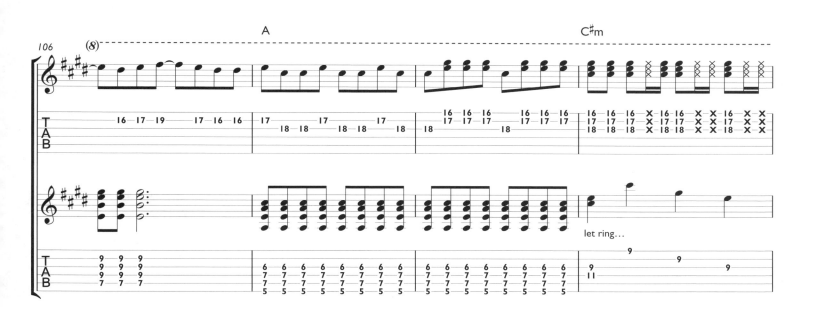

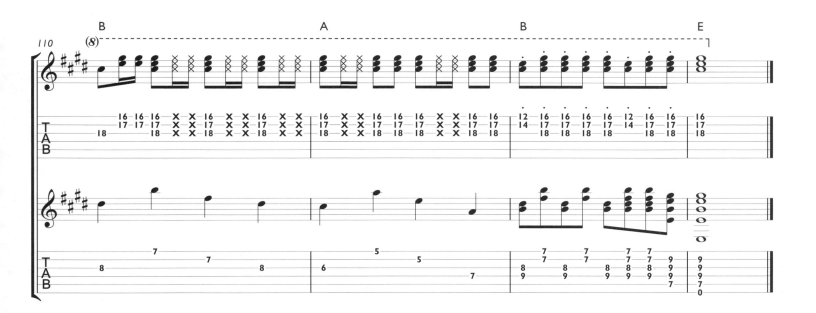

WHAT A WASTER

Words and Music by Peter Doherty and Carl Barât

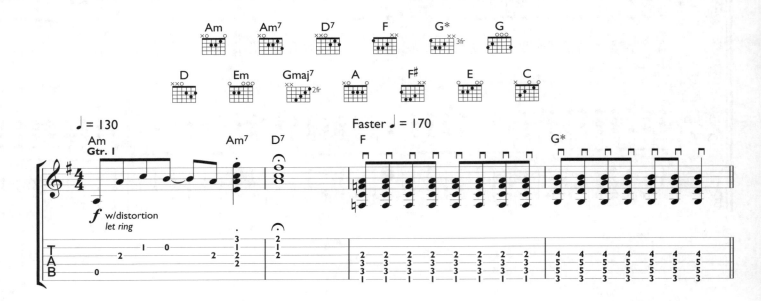

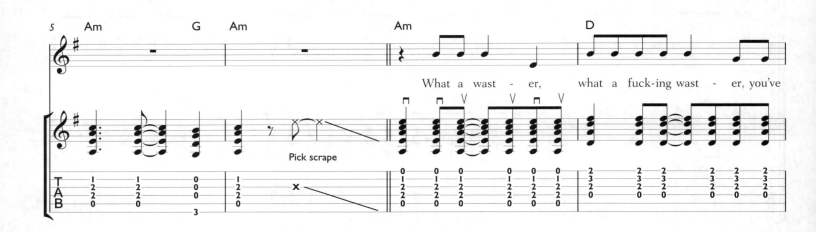

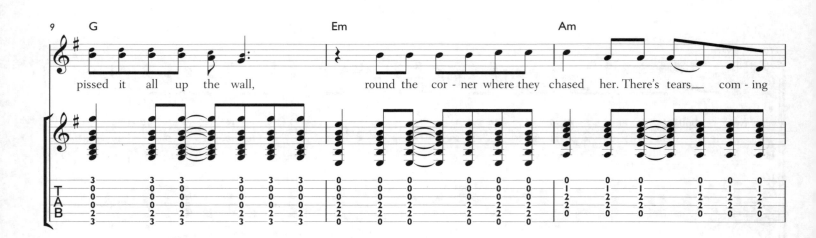

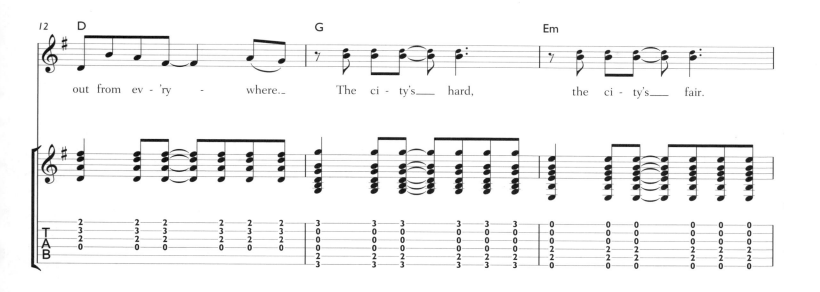

out from ev - 'ry - where.. The ci - ty's__ hard, the ci - ty's__ fair.

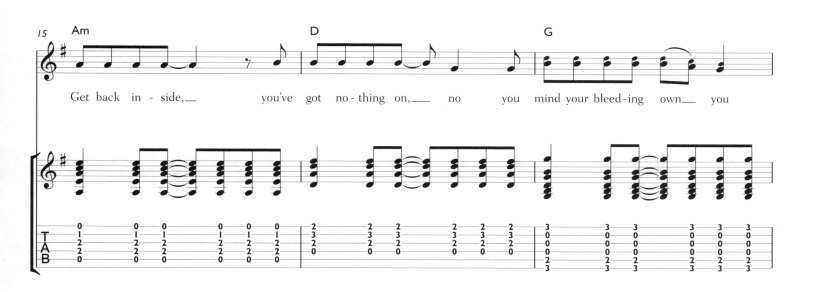

Get back in - side,__ you've got no - thing on,__ no you mind your bleed-ing own__ you

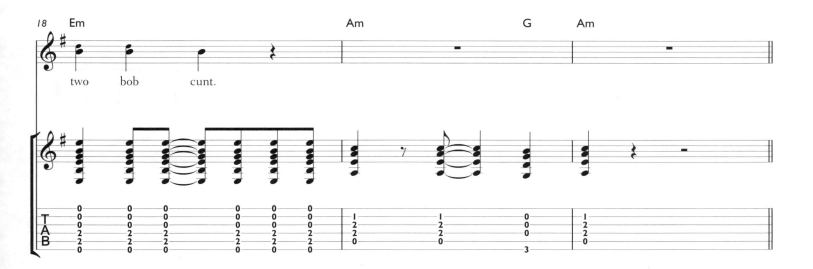

two bob cunt.

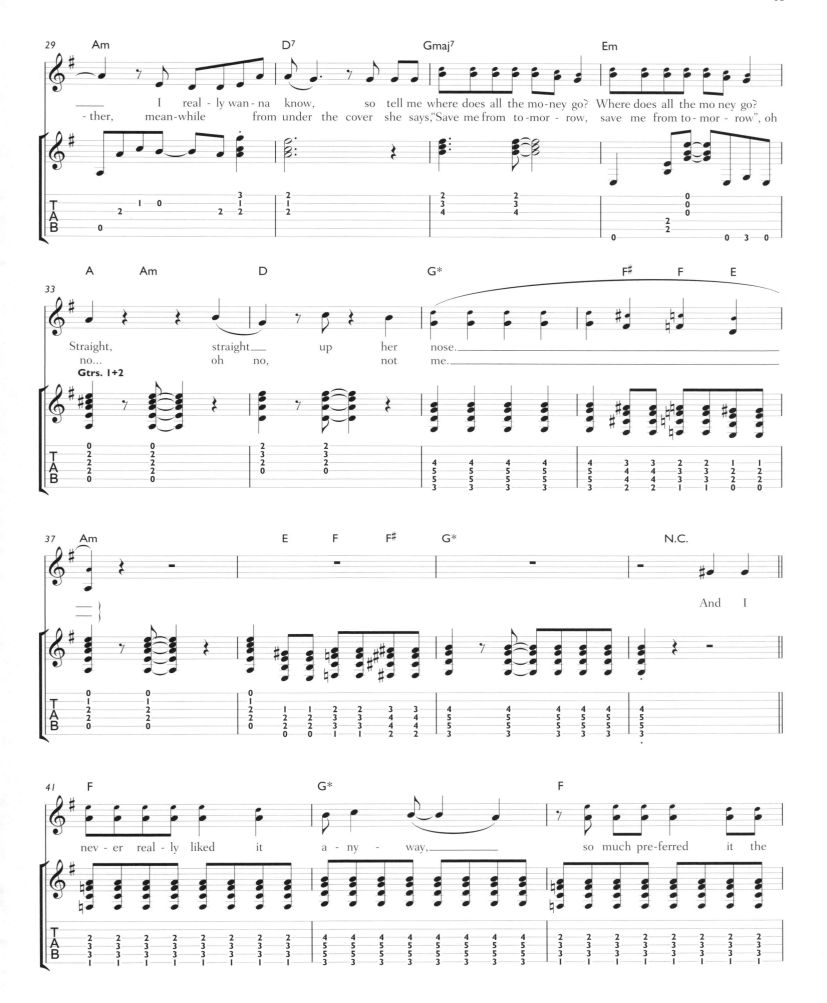

62

got no - thing on,___ no you mind your bleed - ing own___ you two bob cunt.

THE DELANEY

Words and Music by Peter Doherty and Carl Barât

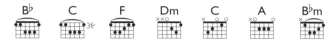

66

1. On the bus__ the oth - er day__ you could tell right from the start,__ there's
does -n't rhyme with treach - er - y,__ no - thing I ev - er__ did.

BOYS IN THE BAND

Words and Music by Peter Doherty and Carl Barât

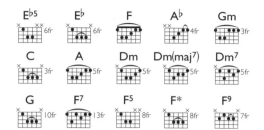

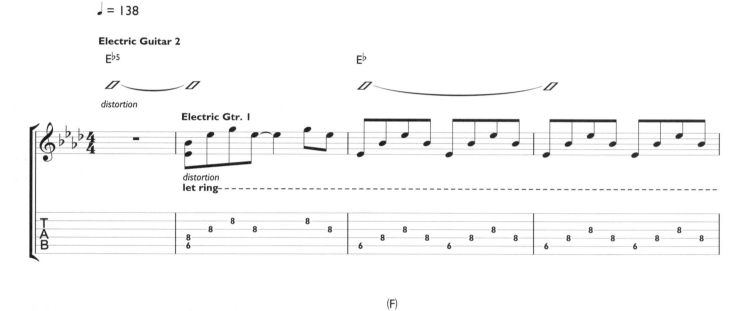

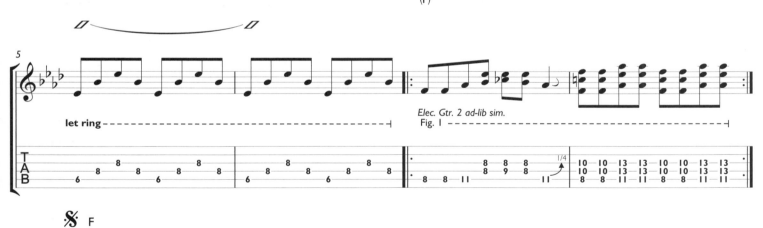

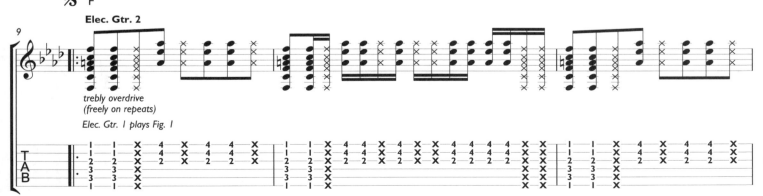

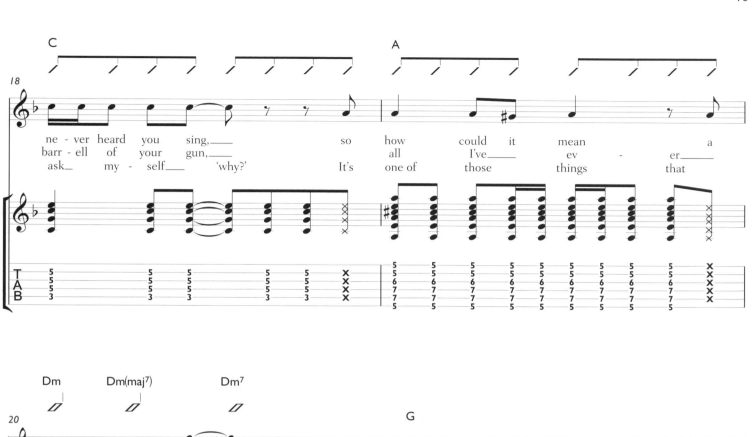

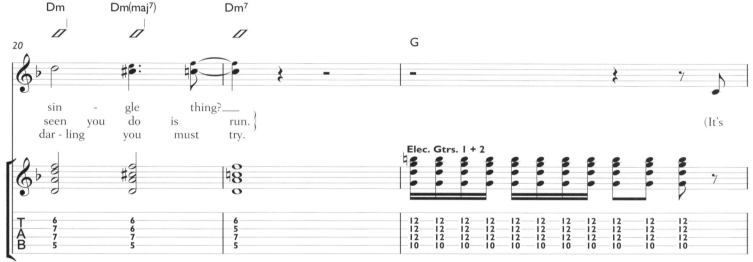

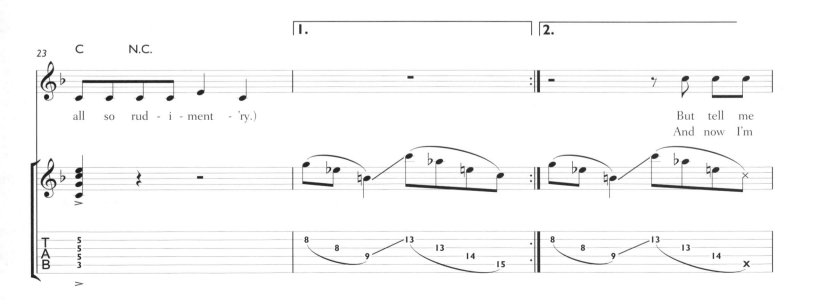

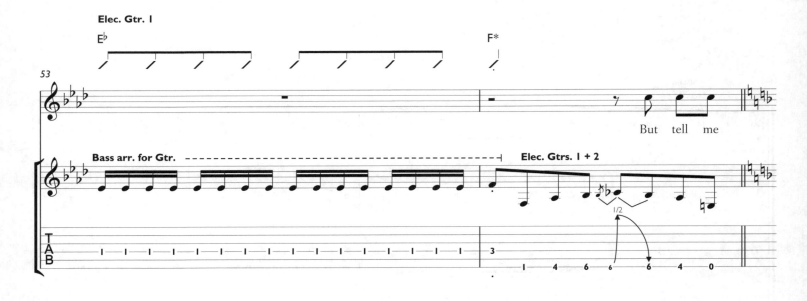

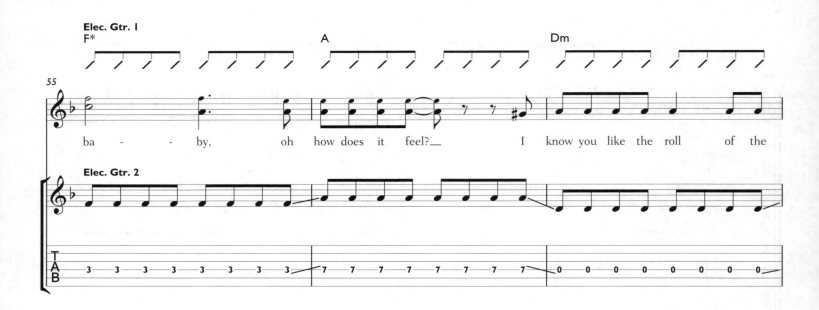

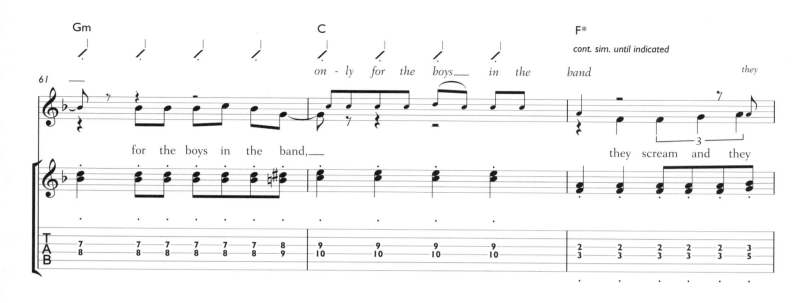

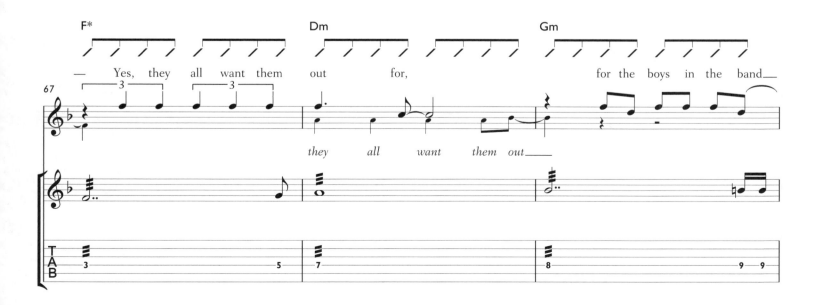

DEATH ON THE STAIRS

Words and Music by Peter Doherty and Carl Barât

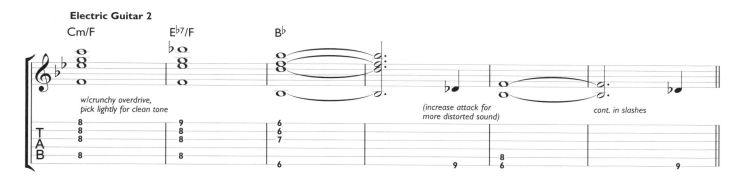

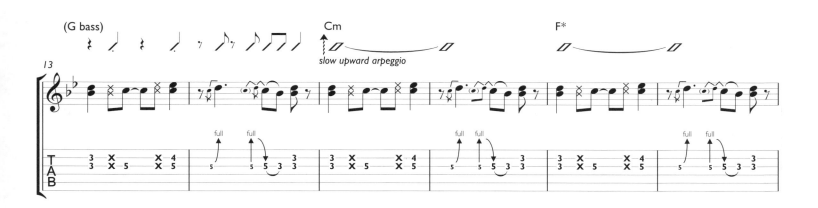

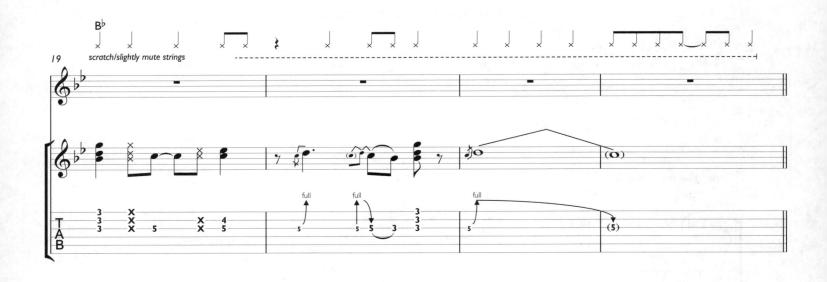

1. From way far a-cross___ the sea___ came an Er - i - tre-an maid - en, she___ had a
(2.) lit - tle boy in a stair - well who says, "I hate peo - ple like you, I got

one track mind and eyes___ for me,___ half blind - ed in the war.___
match - es and ca - ble T. V.,___ half of less than fif - ty-P." We all

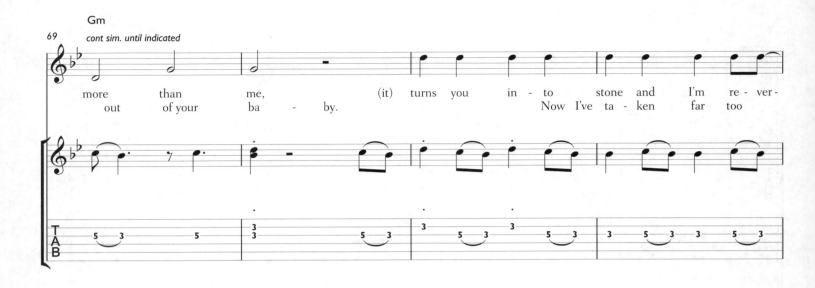

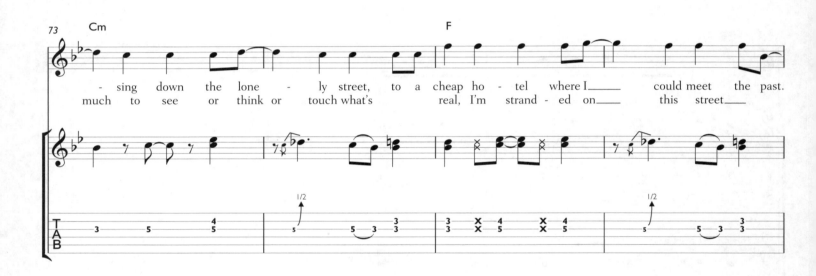

It's sweet like no - thing, no, it's just like no - thing at ___
If you real - ly need it, oh, you just won't leave it be -

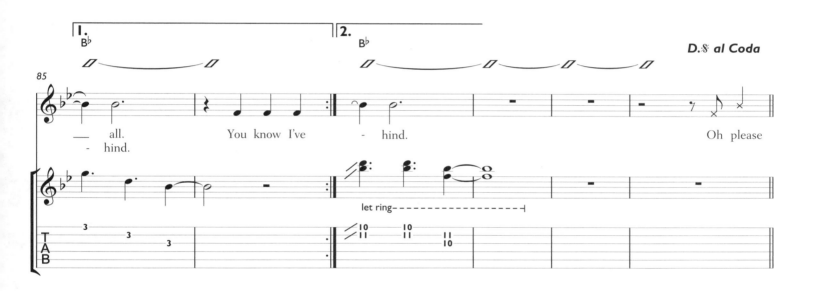

___ all. You know I've
- hind.

- hind. Oh please

Coda

Gtr. 2

(oh) no.

Gtr. 1

Bass arr. forGtr.

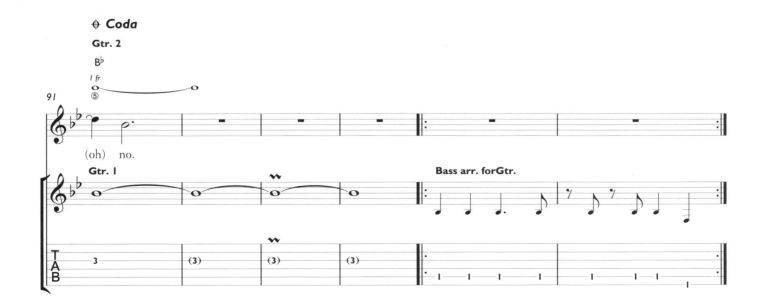

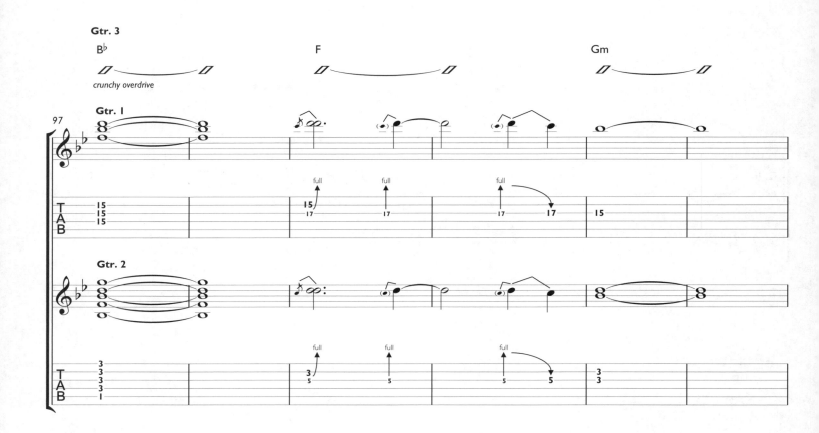

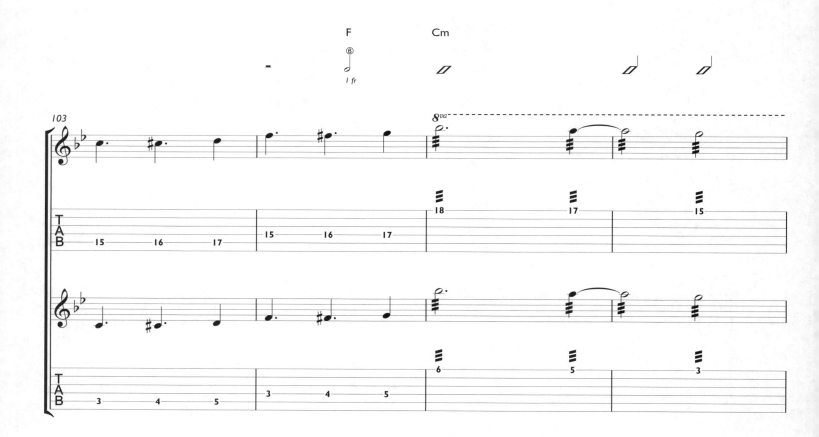

I GET ALONG

Words and Music by Peter Doherty and Carl Barât

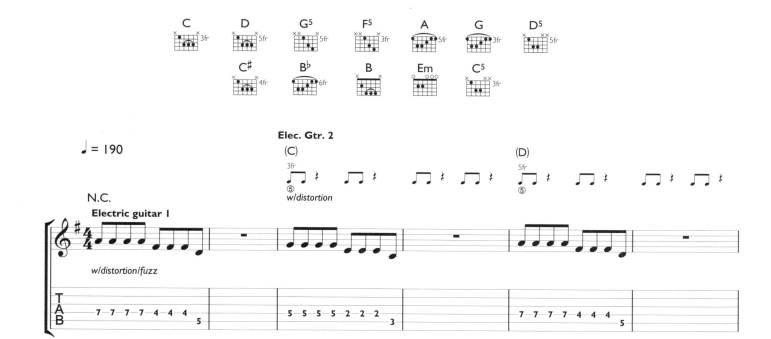

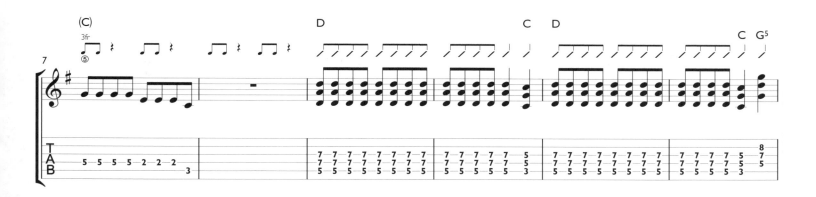

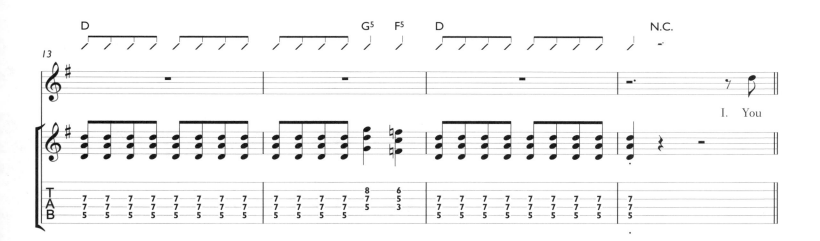

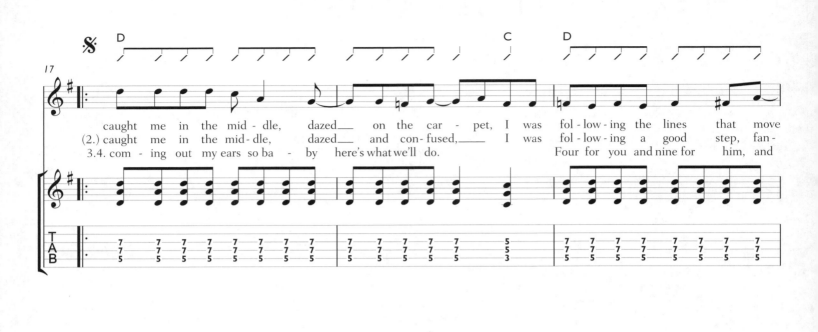

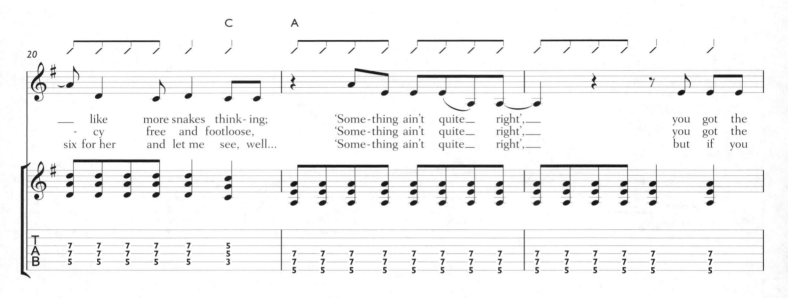

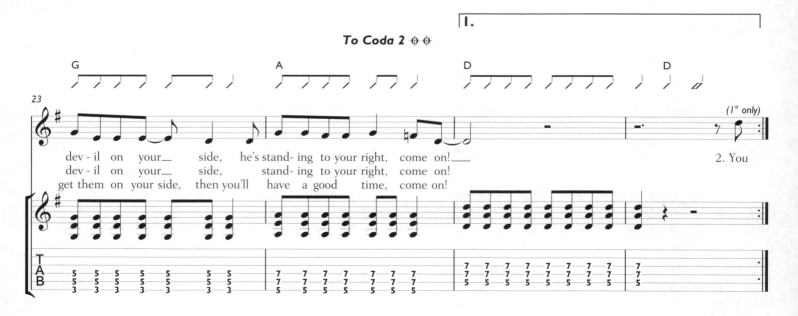

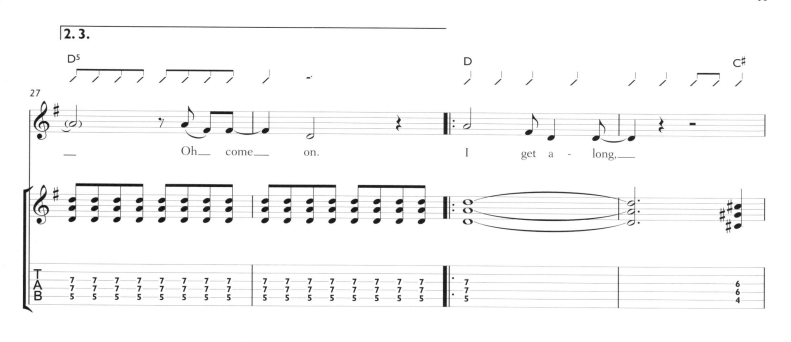

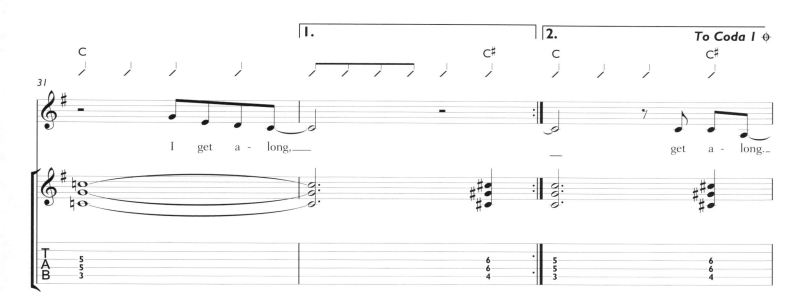

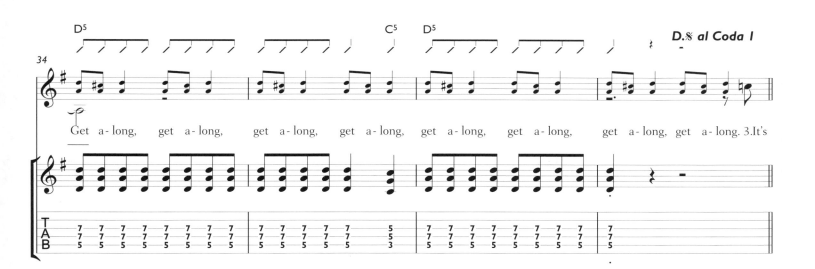

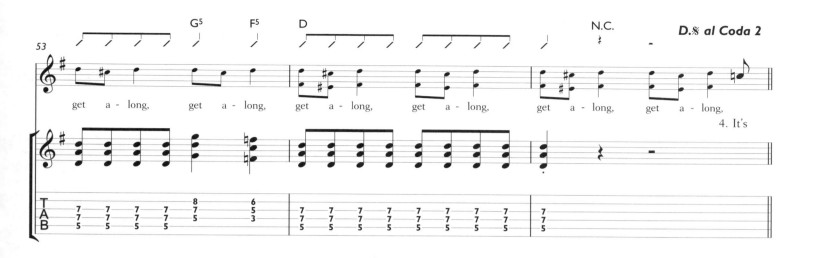

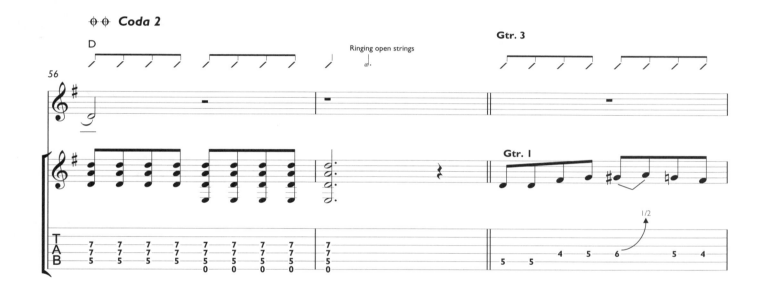

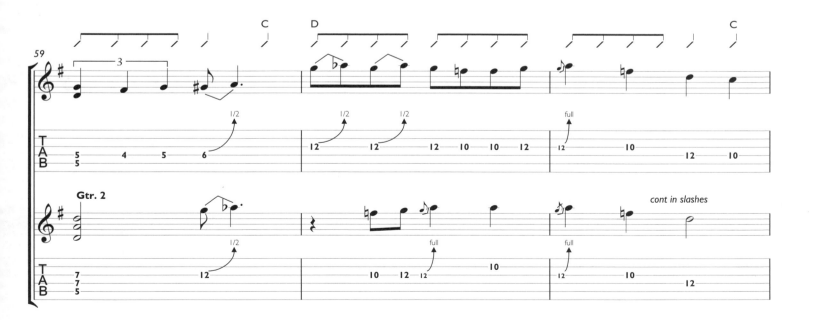

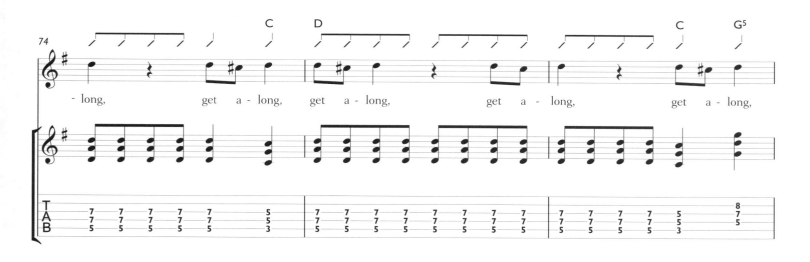

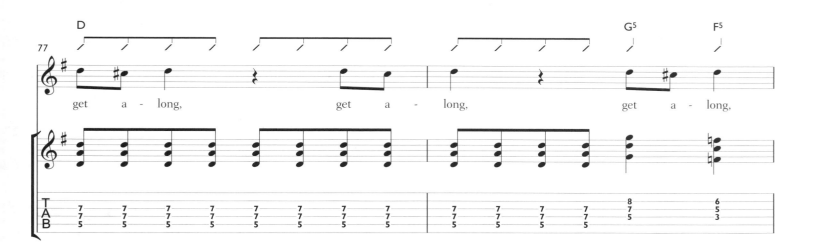

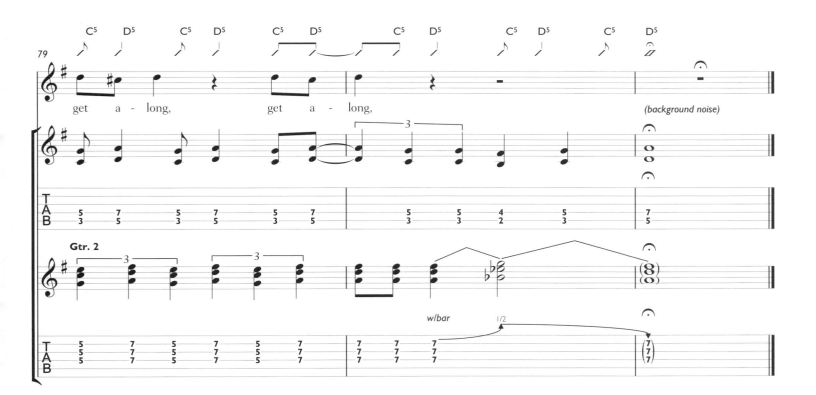

WHAT BECAME OF THE LIKELY LADS

Words and Music by Peter Doherty and Carl Barât

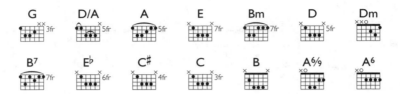

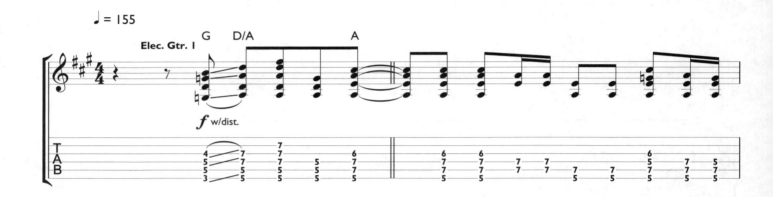

1. Please don't get me wrong. See, I for-give you in a song,— we'll call the

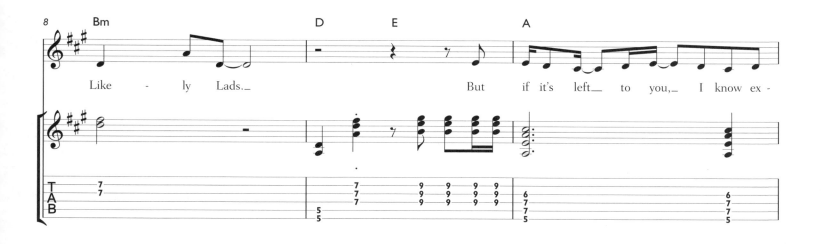

Like - ly Lads.___ But if it's left___ to you,___ I know ex -

- act - ly what you'd do with all___ the dreams we had.___ 'Cause

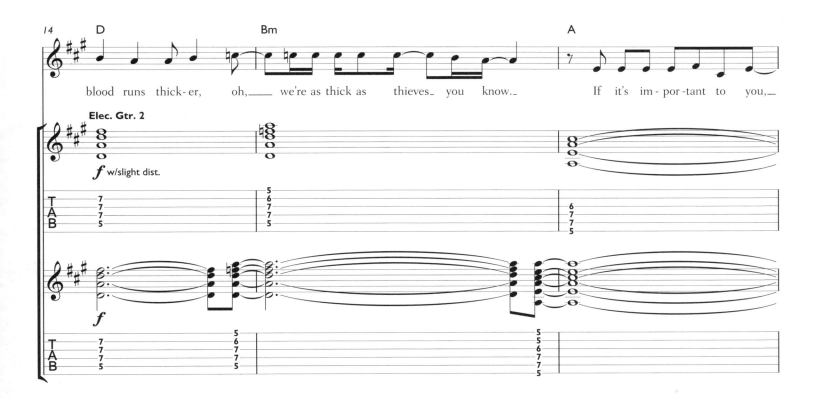

blood runs thick - er, oh,___ we're as thick as thieves___ you know.___ If it's im - por -tant to you,___

Elec. Gtr. 2

f w/slight dist.

f

it's im-por-tant to me. I tried to make___ you___ see, but you___ don't want___ to know.___

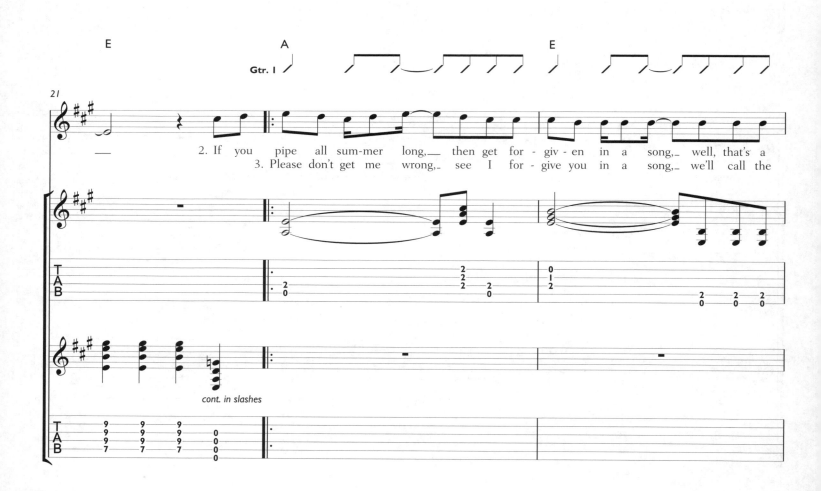

2. If you pipe all sum-mer long,___ then get for-giv-en in a song,___ well, that's a
3. Please don't get me wrong,___ see I for-give you in a song,___ we'll call the

cont. in slashes